SHANSHUI
YOU
CHUANSHUO

山水有传说

薪火文创社 ○ 编著

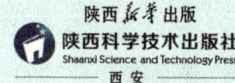

图书在版编目（CIP）数据

山水有传说 / 薪火文创社编著 . — 西安：陕西科学技术出版社，2018.1（2024.4重印）

（传统文化走进生活）

ISBN 978-7-5369-7140-0

Ⅰ.①山… Ⅱ.①薪… Ⅲ.①山 - 文化 - 中国 - 青少年读物②水 - 文化 - 中国 - 青少年读物 Ⅳ.① K928-49

中国版本图书馆 CIP 数据核字 (2017) 第 310424 号

山水有传说

薪火文创社　编著

策　　划	孙　玲　晏　黎
责任编辑	郭敬琦　赵泰俪
封面设计	象上设计
版式设计	诗风文化

出 版 者	陕西科学技术出版社
	西安市曲江新区登高路1388号陕西新华出版传媒产业大厦B座
	电话（029）81205187　传真（029）81205155　邮编710061
	http://www.snstp.com
发 行 者	陕西科学技术出版社
	电话（029）81205180　81206809
印　　刷	河北鹏润印刷有限公司
规　　格	787mm×1092mm　　16开本
印　　张	7.75
字　　数	80千字
版　　次	2018年1月第1版
	2024年4月第2次印刷
书　　号	ISBN 978-7-5369-7140-0
定　　价	36.00元

版权所有　翻印必究

☆如有印装质量问题，请与我社发行部联系调换☆

序言
XU YAN

山川之美

山川之美，古来共谈。

在中国的传统文化中，山水文化是最为人津津乐道的。这是因为，当人们行走于山水之间，便可以忘却世俗生活的喧嚣嘈杂，尽情感悟青山绿水、花鸟鱼虫的自然之美。山水之美，不仅仅指自然美景，还包括山水所蕴含的深厚的文化。山水之间有许多著名的人文景观，比如我们熟知的嵩山少林寺、终南山重阳宫等，它们既是中华传统文化的精髓所系，也是我们今天观赏游玩、放松心情的绝佳去处。

在传统文化中，每一座山都有它的神话，每一条河也有它的传说。在我们很小的时候，父母一定给我们讲过沉香劈华山救母的故事；午夜梦回时，你肯定也梦到过鲤鱼在黄河中跃过龙门的情景。愚公移山、大禹治水、秦始皇封禅泰山、李冰修建都江堰……这些属于山水的神话传说与历史故事伴随我们长大，给我们的生活增添了许多趣味。

中国人常常流连于山水之间，回味人生的喜怒哀乐，领悟世事的兴衰变迁，因此历代的文人墨客常常在山水之间寻求灵感，写出了许多美丽诗篇。当诗人驻足于长江、黄河

XU YAN

边时，会吟诵"无边落木萧萧下，不尽长江滚滚来"或者"黄河之水天上来，奔流到海不复回"的辽远；当诗人登上泰山、华山绝顶时，会慨叹"会当凌绝顶，一览众山小"或者"举头红日近，回首白云低"的壮观。

古人也常常把做人与山水联系在一起。正如孔子所说："知者乐水，仁者乐山；知者动，仁者静；知者乐，仁者寿。"在古人的心中，一个人的性格应该如山一般沉稳宁静，任凭风吹雨打，也不改分毫；一个人的智慧也应该如水一样灵活，不拘泥，也不固执。

今天，山水依旧给我们带来美的享受。在生活中，我们时常听到人们谈论长江、黄河的绵延不绝，谈论五岳名山的壮丽奇秀。山水已成为我们生活中不可割舍的一部分。你是否曾听人说起"无限风光在险峰"，于是登上高山绝顶，观日出赏云海，感受自然的巍峨？你是否曾听人吟诵"大江茫茫去不还"，于是泛舟江河湖海，越激流、涉险滩，感受自然的浩瀚？

人们虽然生活在城市里，但仍然向往山水中的一切：高山流水、幽谷深涧、清风明月、飞瀑流泉、红花绿草、落叶鸟鸣……当我们走进山水间，亲近自然，才能发现有许多美好的景物，都隐藏在我们平时看不见的地方。让我们随着这本小书，去领略山水之美与山水之乐吧！

山水有传说

目 录

第一章 山之歌

东岳泰山	2
中岳嵩山	7
西岳华山	11
南岳衡山	15
北岳恒山	19
黄山归来不看岳	23
巍巍秦岭	28
锦绣巨屏终南山	32
焉支山与祁连山	37
邙山王陵	40
峨眉天下秀	43
青城天下幽	47
苍莽太行	50
巍巍昆仑	55
阴山敕勒川	62
明月出天山	66
碧水丹峰武夷山	70

第二章 水之谣

- 长江三峡 …… 76
- 黄河的洪水传说 …… 79
- 泾渭分明 …… 84
- 湘水洞庭波 …… 89
- 洮河流珠 …… 93
- 人间天堂西子湖 …… 96
- 洛河传说 …… 100

- 淮水汤汤 …… 103
- 岷江与都江堰 …… 106
- 钱塘八月潮 …… 110
- 日月双潭 …… 113

第一章 山之歌

- 东岳泰山
- 中岳嵩山
- 西岳华山
- 南岳衡山
- 北岳恒山
- 黄山归来不看岳
- 巍巍秦岭
- 锦绣巨屏终南山
- 焉支山与祁连山
- 邙山王陵
- 峨眉天下秀
- 青城天下幽
- 苍莽太行
- 巍巍昆仑
- 阴山敕勒川
- 明月出天山
- 碧水丹峰武夷山

东岳泰山

大家听过一首童谣《五岳歌》吗?

"东岳泰山约在东,嵩山中岳在登封,华山西岳华阴县,南岳衡山北岳恒。"

这首童谣唱的是中国著名的五岳。古人称帝王祭祀上天的地方为"岳"。五岳是指中国的五座名山,古代的帝王常带领诸侯百官到这五座名山祭祀上天、颂扬功德,因此将这五座山合称为"五岳"。五岳分别是东岳泰山、中岳嵩山、西岳华山、南岳衡山、北岳恒山。

在五岳之中,泰山山势巍峨,气势雄奇,古迹荟萃,被尊为五岳之首。它位于山东省中部,西接华北平原,东临黄海。

第一章 山之歌

SHANZHIGE

3

关于泰山，唐代诗人杜甫在诗中是这样描述的：

> 岱宗夫如何，齐鲁青未了。造化钟神秀，阴阳割昏晓。
> 荡胸生层云，决眦入归鸟。会当凌绝顶，一览众山小。

这首《望岳》，相信我们每个人都耳熟能详，那么泰山真如诗人描述的那样高耸入云吗？

其实泰山的主峰天柱峰海拔1545米，在五岳之中并不是最高的。但是泰山凌驾于华东辽阔无垠的平原丘陵之上，给人以强烈的突兀感，显示出拔地而起直入云霄之势，所以古人才有"登泰山而小天下"的赞叹。泰山的巍峨，也使它成为中国传统文化中雄伟、庄严的象征，因此在生活中，人们常用"稳如泰山"来形容一个人性格稳重，即使身处险境也能从容应对。

在古代，人们往往把高山当作神灵来崇拜，而在中国传统文化中，东方又是生命之源，是希望的象征。于是，地处东方的泰山便成了"万物孕育之所"的"吉祥之山"，古代的帝王更把泰山看成是国家统一、权力稳固的象征。为了答谢上天赐予帝王的权力、地位，帝王必须到泰山封禅。什么是"封禅"呢？在泰山顶上筑土为坛祭祀上天，叫作"封"；在泰山下的小山上扫除以祭祀大地，叫作"禅"。在中国古代，封禅几乎成为王室的传统。商周时期，商王相土在泰山脚下建东都，周天子以泰山为界建齐鲁；传说秦汉以前，就有七十二代君王到泰山封神。古代帝王借助泰山的神威巩固自己的统治，使泰山的神圣地位被抬到了无以复加的程度。

帝王尊崇泰山，民间百姓们更把泰山视为神祇。泰山日出是泰山最著名的景观。每当清晨云雾弥漫的时候，游人站在泰山玉皇顶上仰头看，就可能在缥缈的云层上，看到一个内蓝外红的彩色光环，将整个人影或头影映在里面，好像佛像头上五彩斑斓的光环，这个光环被人们称为"佛光"或"宝光"。泰山佛光本是日出时阳光的折射现象，但是在人们的心中，它更是泰山神圣的象征。

今天，在泰山脚下的村庄里，我们还能见到刻有"泰山石敢当"的石碑。相传，石敢当是住在泰山脚下的一位高人，以测字算卦为生。他本领高强，善于降妖。周围的人纷纷来邀请他，石敢当难以应付，便教人们在泰山石上刻下"泰山石敢当"几个字来辟邪。这个法子很快流传开来，至今都还是当地流行的民俗。

深厚的人文底蕴与雄伟的自然景观交相辉映，使泰山赢得无数美誉，成为今天著名的旅游胜地。你是否曾去过泰山，登临绝顶而俯瞰天下呢？如果没有，不妨在闲暇时登一次泰山，真正体会一下"会当凌绝顶，一览众山小"的豪情壮志吧！

中岳嵩山

如果你看过中国的武侠小说或者电视剧，那就一定会听过嵩山和嵩山少林寺的名字。而提起中岳嵩山，你首先会想到什么呢？是嵩山高大峻极的景色，还是少林寺精妙神奇的功夫？

在中国的五岳中，嵩山位于中央，因此得名"中岳"。嵩山位于今天河南省登封市西北，包括太室山、少室山等山峰。嵩山奇峰林立，山峰大多是以形状、名人遗迹和神话传说命名。比如玉镜峰，形状如同一面平整光滑的玉镜；卧龙峰盘旋曲折，就像一条龙横卧在空中；万岁峰名字的来源则更为奇特，相传汉武帝曾经来到此峰下，听见山峰对他高呼"万岁"，便将此峰封为"万岁峰"。

嵩山不但景色秀美，更有三座驰名海内外的汉代石阙屹立在山间。嵩山上的少室石阙、太室石阙、启母石阙合称"嵩山三阙"，而它们的来历，与大禹治水的传说有关。

传说大禹的妻子是涂山氏，她住在崇山，而她的妹妹住在季山。大禹在开凿高山疏导河水时被妻子发现了真相，原来大禹只有变成黑熊才能开山，所以才三过家门而不入。涂山氏一怒之下化为石头，后来她的妹妹又嫁给大禹，成了大禹的第二位妻子。于是，大禹便把崇山、季山分别改名为太室山、少室山。后人为纪念涂山氏姐妹，便在太室山下建造太室山庙，在少室山下建造少室山庙，并且分别在庙前建造了一座石阙。这便是传说中太室阙与少室阙的由来。

在嵩山南麓的万岁峰下,有一块高 10 米、周长 40 余米的巨石,叫作启母石,传说这就是涂山氏所化的石头,后来巨石从北面破裂,生出了启。而这位启,就是后来夏朝的开国之君。西汉武帝游览嵩山时,为此石建立了启母庙。东汉年间,人们在启母庙前建造了启母阙,与太室阙、少室阙合称为"嵩山三阙"。

嵩山三阙是历史的见证,也是嵩山文化的精华。除了三阙,更令嵩山驰名世界的,还有山上著名的少林寺。少林寺坐落于少室山茂密的丛林之中,故名"少林寺",始建于北魏年间。

少林寺是著名的佛教寺院,北魏时期,达摩祖师到达少林寺,广收信徒开辟禅宗,少林寺日渐香火鼎盛,成为"天下第一名刹"。而更令少林寺闻名于世的,则是少林功夫。少林功夫经历代武僧潜心研创,有"天下功夫出少林,少林功夫甲天下"的美名。

少林功夫是中国武术的一个重要流派，包含少林七十二绝技、少林拳术、少林派棍术、少林派枪术、少林派刀术、少林派剑术等，"少林"也成为中国传统武术的象征。

在近现代的许多武侠小说中，常有出自少林的武林高手行走江湖，他们扶危济困，无所不能，令人神往。因为少林寺的存在，河南省登封市也成为中国著名的武术之乡。从幼童到青年，每年都有许多人千里迢迢地奔赴这里学习武艺。少林功夫因此得以不断发扬光大，传承久远。

自古文人侠客梦，相信每一个人心中都藏着一个成为绝世高手的梦想。"游龙飞步""摘叶飞花""空手夺刀"……这些玄妙的招式，是少林功夫乃至嵩山文化的缩影。当你来到嵩山时，千万不能错过少林寺，也许有一天，你也能成为一个"武林高手"呢！

西岳华山

西岳华山坐落于陕西省华阴市境内,是五岳中最为高峻险绝的一座山。大家了解华山吗?知道华山是什么样子,都有哪些故事吗?

华山北依黄河,南邻秦岭,远远望去群峰壁立,如同一朵凌空怒放的莲花。在古代,"花"与"华"同音,因此人们就为这座山取名叫"华山"。华山之上风景秀丽,有许多苍松翠柏,奇花怪石,引得人们浮想联翩,至今民间仍然流传着许多脍炙人口的神话传说。

在华山莲花峰峰顶,有一块10余米长、断为三截的巨石,人称"斧劈石",相传这是

沉香救母的地方。"沉香救母"是中国古代流传至今的一个神话故事。传说中,民间有一位姓刘的书生,进京赶考时路过华山,在一个神庙里遇到仙女三圣母,两人情投意合结为夫妻,并生下儿子沉香。三圣母的哥哥二郎神知道这件事后勃然大怒,他认为三圣母违反了天规,就将三圣母镇压在华山之下。沉香长大后来华山寻母,历经了各种曲折,才在仙人的指点下得到一柄开山巨斧,劈开莲花峰救出了母亲。

沉香救母的故事流传了上千年,人人都为沉香的孝义拍手称赞,而这个神话故事也给华山蒙上了一重更加迷人的色彩。

在五岳之中,华山以雄险著称。对于华山的险绝,就连大诗人李白都要感慨说:"西岳峥嵘何壮哉,黄河如丝天际来。"华山有东、西、南、北、中五峰,却只有一条路由北向南贯穿五峰,一路上要穿过悬崖峭壁,路上多险径危石,常令游人望而却步。传说唐代文学家韩愈曾经壮胆登上华山绝顶欣赏美景,下山时却感到心惊目眩,竟然看不清下山的道路。韩愈在着急之间,只好拿出纸笔,写了一封信从山上扔下去。山下的人看到信便上山来找他,韩愈也因此平安下山。至今在华山苍龙岭的岩石上,仍然刻有"韩愈投书处"五个大字。

　　华山现在已经成为陕西省境内著名的旅游景点,每年有无数游人慕名而来。华山险峻之最莫过于万仞绝壁上的长空栈道,它开凿在南峰腰间,上下都是悬崖绝壁,铁索横悬,由条石搭成路面。由于栈道险峻,当地人在栈道旁的岩石上刻下不少警告之语,如"悬崖勒马"等。

　　但是,攀登华山仍然是当代很多年轻人的梦想。当人们挑战过华山天险后,就会发现生活中的许多困难都无须畏惧了。这是华山教会人们的道理,你们认同吗?

南岳衡山

"山不在高,有仙则名。"中国的古人认为山可以不高,但却不可以没有神仙。山川的名声,一定与神仙有关。在五岳之中,南岳衡山就是这样一座神仙之山。那衡山究竟与哪位神仙有关呢?从衡山主峰的名字上,便可以得到答案。

衡山的主峰叫作祝融峰,相传祝融是上古轩辕黄帝的大臣,是著名的火神。人类发明钻木取火后却不会保存火种,也不会用火,而祝融由于跟火亲近,是管火、用火的能手,黄帝就任命他为管火的火正官。因为他熟悉南方的情况,黄帝又封他为司徒,主管南方事物。他

住在衡山,死后又葬在衡山。为了纪念他的贡献,后人便将衡山的最高峰命名为祝融峰。在古语中,"祝"是持久的意思,"融"是光明的意思,合在一起的意思就代表着永远光明。在祝融峰顶上,有一座祝融殿,殿中至今仍然供奉着火神祝融。因为祝融在宋朝时被封为南岳司天昭圣帝,民间又称他为南岳圣帝。历朝历代许多皇帝都曾来祝融峰顶祭祀圣帝祝融,祈求国家安泰、百姓乐业。

　　火神祝融为衡山留下了千古神话,而衡山"五岳独秀"的景色,更令无数文人名士登临赞叹。衡山是五岳中唯一一座位于长江以南的山,它坐落于湖南省中部的湘江之滨。衡山山势磅礴,南以回雁峰为首,北以岳麓山为足,大小七十二峰绵延数百公里。由于地处南方,气候比其他四岳更暖和,山上终年翠绿,长满了各种奇花异草。

祝融万丈拔地起,欲见不见轻烟里。
山翁爱山不肯归,爱山醉眠山根底。
山童寻著不敢惊,沉吟为怕山翁嗔。
梦回抖擞下山去,一径萝月松风清。

唐代大文学家韩愈的这首《祝融峰》，描写的便是衡山祝融峰的景色。峰上风景秀丽，云雾缥缈。山翁爱山不肯归家而在山中沉睡，而孩童竟不敢惊醒他。而等到他睡醒下山，一路上也有清风明月、萝草青松相伴。衡山景色，确实魅力无穷。

　　衡山上遍植竹子。历来名山多松柏，而在衡山上，漫山遍岭都是竹子，有楠竹、斑竹、毛竹、凤尾竹等数十个品种。龙吟萧萧，凤尾森森，形成一片连绵不绝的竹海奇景。

　　衡山竹子多，关于竹子的传说也多。相传在上古时，山下的樵夫上山砍柴时救了一株正被野猪啃噬的竹笋。那株竹笋不久后便长成了一根楠竹。樵夫见楠竹翠绿劲直，便将它移植在自家门前。过了三年，樵夫家门前便形成了一片竹林。有一年南岳大旱，田地荒芜，百姓们颗粒无收。那株已经幻化成仙的楠竹不忍心大家挨饿，便在竹子上结满了一层米。当地的百姓们靠着竹米度过了饥荒，从此他们对竹子更加爱护，南岳的竹子也越长越多，形成一大奇观。

衡山多竹，既是自然奇观，也是独特的物产。因为山高多竹，衡山上的僧侣和道士对竹笋菜肴的制作甚为讲究，煎、炒、腌、煮等花样纷呈，最具特色的是一种名叫观音笋的食物，相传这种笋采摘自观音菩萨生日的前后，因此得名。人们将鲜笋用茶油浸泡，风味独特，是当地著名的美食。

传说、奇景、美食……南岳衡山是自然与人文的绝妙结合，令人流连忘返。当你漫步于衡山之上，一边品尝观音笋的美味，一边欣赏秀丽的风景，也一定会像韩愈诗中描写的老翁一样，沉醉于山中而不肯归去了。

北岳恒山

如果有人告诉你，这世上有一座悬在空中的寺庙，你会相信吗？在人们的心中，建筑应该深植于土壤地基之中，悬空的建筑，一定只是神话传说。但只要你来到北岳恒山，你就会发现这不是神话传说，这世上真的有一座悬浮在半空中的寺庙，它就是号称恒山第一奇观的悬空寺。

要了解悬空寺，必须先了解恒山。恒山位于山西省东北部，西接雁门关，东跨太行山，奔腾起伏，连绵百里，主峰玄武峰海拔2016.1米，仅次于华山，号称"塞北第一名山"。

恒山的主峰玄武峰坐落于山西省浑源县，它和西面的翠屏峰对峙，自成一道天险，自古以来就是兵家必争之地。北魏太武帝曾在这里劈山开道,以其作为进退中原的门户。北宋名将杨业也曾驻兵恒山,浴血奋战,抵御南侵中原的契丹族人,由此还引出了千古流芳的"杨家将"的故事。杨家将在恒山的悬崖峭壁上扎营建堡,架设吊桥栈道,至今仍留有遗迹。

地势的险峻和山势的雄奇,使得恒山成为古代著名的战场。而恒山的奇丽风景,也吸引着无数游人。恒山上怪石争奇,古树参天,无数楼台殿宇掩映在苍松翠柏之中,其中最为独特的,当然要数我们开篇提到的悬空寺。

悬空寺是中国罕见的一座高空建筑,始建于北魏年间。它坐落于翠屏峰东侧半山的悬崖峭壁上,上面是悬崖绝壁,下面是万丈深渊。悬空寺全寺共有大小殿阁四十余间,所有建筑在岩石上筑基,依靠山崖而建,造型十分奇特。寺庙的楼阁殿宇由悬空的栈道和天桥连接起来,迂回曲

折。当人们进入寺院时,时而要攀登石梯,时而要行走栈道,当登上最高一层殿阁向下望去时,大有临空欲飞的感觉。

但若是站在谷底向上望去,人们则可以看到被几十根圆木柱子支撑着的悬空寺。而这些细长的木柱被支在石壁的缝隙之中,似乎随时都有断裂的可能,看得人忍不住替它捏一把冷汗。当地的民谣说:"悬空寺,半天高,三根马尾空中吊。"它描述的便是悬空寺建筑的奇险。

其实到此的游人们无须担心,因为古代的建筑师们精通建筑力学,虽然只是几十根木柱,却能巧妙地借用岩壁为依托,护卫着悬空寺千年来安然无恙。

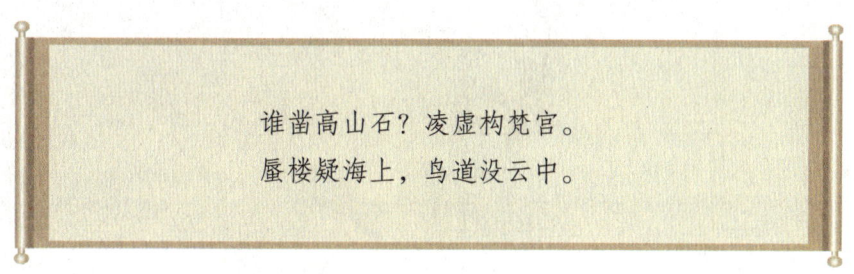

谁凿高山石?凌虚构梵宫。
蜃楼疑海上,鸟道没云中。

清代诗人王湛初面对悬空寺时,曾发出这样的疑问。

不是海市蜃楼,却比海市蜃楼更加玄幻神奇,这是人们对悬空寺的评价。如果有一天,你在恒山看到悬浮在空中的殿阁时,可一定要看清楚,这是真实的建筑,不是神话传说,更不是虚幻的想象。在漫长岁月中,悬空寺经历了金、明、清几代的重修,迄今仍然屹立不倒。这巧夺天工的绝妙设计,怎能不令人驻足瞻仰呢?说到这里,你能不为中国古人的智慧喝彩吗?

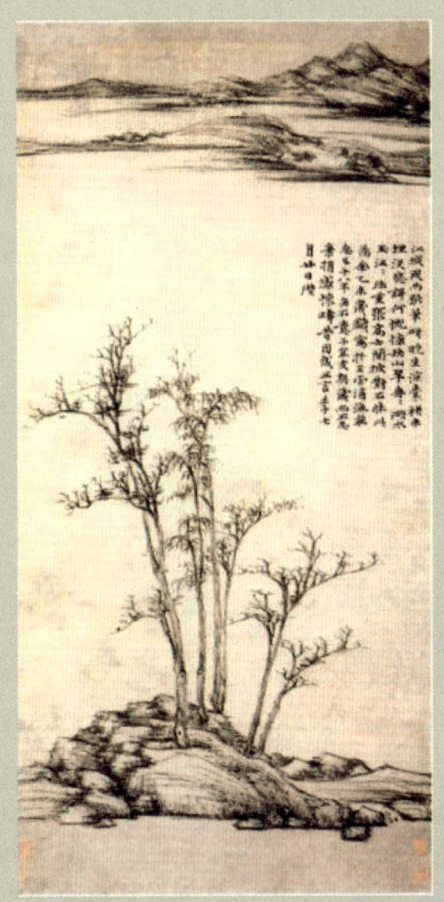

黄山归来不看岳

人们常说，"五岳归来不看山"，是说五岳在中国众山中的独特地位。然而这句话后面还有一句——"黄山归来不看岳"，是说看过了黄山，才发现五岳也不过如此。为什么人们对黄山有这么高的评价呢？

黄山位于安徽省黄山市，以奇松、怪石、云海、温泉"四绝"闻名于世。晚清的思想家魏源在诗中提到黄山："峰奇石奇松更奇，云飞水飞山亦飞"，对黄山赋予了极高的评价。

黄山有千峰万壑，最著名的还是千姿百态的松树，闻名的有迎客松、卧龙松、黑虎松等。怪石是指黄山上形状千奇百怪的石头，最著名的怪石叫"猴子观海",是位于黄山狮子峰顶的一块巨石,它的形状如一只猴子在观看面前的茫茫云海。黄山的云海更是一绝,时而风平浪静,时而波涛汹涌,令人叹为观止。此外,黄山的温泉常年不息,在神话传说中,人类的始祖——轩辕黄帝就曾在这里沐浴。

黄山名字的由来,也与轩辕黄帝有关。黄山原名"黟(yī)山","黟"本意是指山色黝黑而富有光泽。传说江南黟山是"神仙居所",轩辕黄帝正好修道成仙,所以便带着他的左右丞相容成子、浮丘公来到这里采药炼丹。整整炼了三年,山上的松柴都烧光了,黄帝便把自己的一条腿伸进炼丹炉里当柴烧。就在这个时候,炉内突然发出万道金光,丹药终于炼成了。黄帝服下丹药后乘着龙,伴着笙歌之音飞上了天。因为有这样的传说,唐朝时,唐玄宗便下令将"黟山"改成了黄山,意为黄帝之山。至今在黄山的轩辕峰、炼丹峰、仙都峰、道人峰等山峰上,人们还会凭借想象力去寻找传说中黄帝炼丹成仙的遗迹。

黄山资源丰富，有许多特产，其中最出名的是黄山毛峰茶。中国古代关于茶文化的论著《茶疏》中说：

> 天下名山，必产灵草。江南地暖，故独宜茶。

黄山毛峰是江南名茶，也是中国绿茶珍品之一。由于它生长在高山上，终年受云雾浸润，茶味清香，沁人心脾。从宋代开始，黄山毛峰茶就已经名动天下。到了今天，黄山毛峰更是香溢海外，被列为"国家礼茶"，备受人们青睐。在国家领导人招待外国友人的国宴上，也常常能看到黄山毛峰的身影。

黄山是无数文人墨客寄情山水的所在，唐代诗人李白曾在诗中说：

> 昨夜谁为吴会吟，风生万壑振空林。
> 龙惊不敢水中卧，猿啸时闻岩下音。
> 我宿黄山碧溪月，听之却罢松间琴。

李白一生绝大部分时间都在漫游山水中度过，而黄山是他尤为魂牵梦萦的一座山，可见它的秀美绝伦，足以当得起"黄山归来不看岳"之称。

如果有机会，你们一定要亲自登临黄山，喝一杯茶，登一座山，观一片云海，赏一块奇石……享受这里的自然之美与山水之乐。

第一章 山之歌

SHANZHIGE

巍巍秦岭

公元819年,唐代文学家韩愈因为触怒了皇帝,被皇帝从京城贬去遥远偏僻的广东潮州做官。行至蓝田关口时,遇上大雪封路,前路艰危。韩愈望向身后茫茫的秦岭山脉,不由叹息。

云横秦岭家何在?雪拥蓝关马不前。

这两句诗后来成了诗坛的千古绝唱，而对于生活在三秦大地的人们来说，提起"云横秦岭"的景色都不会觉得陌生。秦岭山脉雄伟，峰峦叠嶂，山顶常年白云缭绕，如同仙境。每一个生在这里长在这里的人，离开家乡时，脑海中常常会浮现韩愈的这两句诗，连同"云横秦岭"的画面，都是三秦人民对于家乡最深刻的印象之一。

秦岭是一座横贯中国中部的东西走向的山脉。西起甘肃省的白石山，向东进入陕西，在陕西与河南交界处分为三支，向南延伸到湖北省。山脉纵横，山谷众多，江河交错，这些是大自然赋予秦岭的景色。

自古以来，秦岭就充满着令人向往的神秘色彩。关于它名称的由来，至今都是个谜。但有一种观点被普遍认可，因为陕西省是古代秦国的领土，与"秦"有着根深蒂固的联系，所以，这座主要位于陕西省境内的山脉，就被称为秦岭。

秦岭的主峰太白山位于陕西省宝鸡市境内,是关中地区的最高峰。太白山山高势险,有"离天三尺三"的说法。山上风景秀丽,是历代文人墨客郊游的胜地。太白山森林密布,植物种类齐全,至今仍然保持着原始的自然面貌。从山脚到山顶,各种珍稀动植物在这里生长繁衍。珍稀动物有大熊猫、金丝猴、羚牛等,珍稀植物有独叶草、太白手掌参等。太白山就是秦岭山脉的一个缩影。

庞大的秦岭山脉是一座丰富的自然宝库,发源于秦岭山中的大小河流,分别流入渭河、汉江、嘉陵江,并最终汇入黄河与长江。如果说黄河与长江是中国的母亲河,那么秦岭就如同中国的父亲山。

对于中国人来说,秦岭—淮河一线是中国南北的地理分界线。正是因为秦岭挡住了冬季南下的寒潮,才使得南方地区很少受冬日寒潮的影响。在秦岭南北,自然气候、人们的生活习俗各不相同。南船北马、南米北面……穿越一座秦岭山脉,可以领略到南北方不同的人文风采。而在中国境内的众多名山大川中,只有秦岭具有这样兼容南北的特点。

巍巍秦岭,浩浩情怀,在你的心中,秦岭又是什么样子的?是连绵山峦,是绝顶积雪,是云雾缭绕,还是南北景色各不同呢?不过,无论是哪一种样子,秦岭始终是三秦百姓心中美丽的家园。

锦绣巨屏终南山

也许你曾在电视剧或者书中看到过,世上有一种人,他们身怀绝技却不问世事,宁愿隐居山林,这种人被我们称为隐士。我们知道,古代有很多隐士,那么,在信息和交通高速发展的今天,还有隐士存在吗?答案是肯定的,在今天的许多名山大川中,依然有隐士存在,比如终南山,至今仍然吸引着隐士前往结庐而居。为什么终南山会吸引隐士?终南山又是一座什么样的山呢?

终南山,又名太乙山,也称南山,位于唐代的长安城,也就是今天的西安市的南郊,属于秦岭山脉的一段。如果说长安城是巍巍帝王之都,那么终南山就如同拱卫着它的一

第一章 山之歌 SHANZHIGE

33

座巨大屏风,守护着这方水土与人民。

唐代诗人王维曾写诗赞誉终南山:

> 太乙近天都,连山接海隅。
> 白云回望合,青霭入看无。

这首诗形容终南山的高大雄伟,几乎接近天都,山山相连,直达海角,仿佛是一片奇幻的境界。终南山不仅景色幽美,物产还很丰饶,正如《诗经·终南》中所描述的:"终南何有,有条有梅。"终南山上果树繁茂,所结蔬果自古以来就是当地人民生活的重要保障之一。

终南山也是中国道教的发祥地之一。相传春秋时老子骑青牛西游，曾在终南山中讲经著书，留下了著名的《道德经》。老子讲经的地方，就是今天终南山中的楼观台。而到了宋元时期，道教的重要一派全真派的创始人王重阳又在终南山中修道，终南山于是成为全真派最早的发祥地。

在武侠小说《射雕英雄传》和《神雕侠侣》中，作者金庸也描述了王重阳建立全真派的情景。在他笔下，全真派不但是修道的门派，掌门王重阳更是精通武艺的高手，他所建立的重阳宫也成为江湖上人人向往的圣地。武侠小说将终南山的清幽景色与玄幻神奇的武功联系在一起，更能引起人们无限的遐想。而在今天的终南山，重阳宫已经成为旅游胜地，存有殿堂楼阁一百余间，每年都吸引着无数中外游客来此瞻仰重阳祖师当年的风采。此外，还有不少向往中国功夫的人，也来到终南山中一边寻经问道，一边寻找武林高手的痕迹。

在中国的文化中，终南山不仅仅是道家修行的场所，更是无数隐士隐居清修的地方。人们常常在心情低落时选择隐居于山水之间，在大自然的怀抱中寻求解脱。关于终南隐士，还有一个有趣的故事。唐朝时有一位进士卢藏用，他原本没有官职，眼见仕途无望，便隐居在终南山，结果竟迅速在达官贵人圈中打响名声，甚至引起了帝王的重视，很快被当作高人礼聘出山，入朝为官。后来另一位士人司马承祯想退隐去浙江天台山时，卢藏用便指着终南山说："这里大有妙处，何必到天台去隐居呢！"司马承祯立刻会意："终南山的确是通向官场的捷径啊！"

这便是成语"终南捷径"的由来。这个成语用来比喻达到目的的便捷途径。虽然故事略带反讽之意，但是从古到今，确实有无数想远离世俗之人到清静深幽的终南山中隐居。

即使在今天，当你在终南山深处行走漫步之时，仍然可以看到三三两两的隐士，在山中结庐而居，他们远离都市，与山河草木、清风明月为邻。可以说，终南山，是一座真正的隐士之山。

焉支山与祁连山

> 亡我祁连山,使我六畜不蕃息;
> 失我焉支山,使我妇女无颜色。

当你穿越千年,回到久远的西汉时期,徘徊于祁连山麓时,一定会听到这首悲伤的歌谣。这是匈奴族人在哀悼他们失去的家园。西汉时期,匈奴族被汉代的大将霍去病打败,不得不退出河西走廊另觅家园。相传,他们在流亡的路上,远眺祁连山与焉支山,纷纷伤心地哭泣起来。焉支山是祁连山脉的一部分,祁连山下水草丰美的草原,是古代匈奴人的家园。而祁连山,则是关陇地区非常重要的一座山脉。

祁连山脉位于青海省与甘肃省的边境。它的名字来自古代匈奴语，意思为"天之山"。直到今天，在这里游牧的匈奴人后裔——尧熬尔人仍然称祁连山为"腾格里大坂"，也是"天之山"的意思。

祁连山是一座巨大的动植物宝库。祁连山上终年积雪，每当夏季来临，山顶冰雪融化，雪水汇入山间的溪流，滋养着漫山遍野的树木。野生的柳树、杨树，郁郁葱葱，如同一片一望无际的绿色海洋。在密林雪岭之间，还有许多鹿群、野牦牛群奔跑游走，悠然嬉戏。焉支山是祁连山的支脉，位于甘肃省山丹县东南。焉支山又叫胭脂山，因为山中生长一种花草，它的汁液鲜红如同胭脂，古代时的匈奴妇女会用它来修饰容貌，因此得名。

西汉初年，祁连山草原本是匈奴浑邪王和休屠王的重要牧地，匈奴人当时就是从这里出发去侵犯西汉边境的。在西汉大将霍去病打败匈奴后，焉支山和祁连山正式纳入汉朝的疆土。匈奴人则不得不向西退走，重新寻找家园。

匈奴与西汉之所以争夺祁连山,正是因为它地理位置的重要。后来的历代政府也都十分重视祁连山。在祁连山下的张掖市高台县,还流传着这样一个故事:传说在古代的十六国时期,西凉和北凉交战于今高台一带,西凉王李暠命令军士筑起一座高高的土台,以便观察敌情。而这场战争结束后,当地人利用这个土台建起寺院,称为"台子寺"。传说唐僧取经归来时,途经羊达子河,经卷跌落水中泡湿,还曾在台子寺晒过经书呢!

祁连山不仅是古代连接中原与西域的重要通道,还是著名的丝绸之路的一部分。在古代,人们从这里走向西域;今天,生活在祁连山脚下的汉、羌、藏、裕固等各族人民,依然在祁连山的护卫下走向自己的幸福未来。

今天的你走进祁连山脉时,再也不会听到匈奴族悲伤的歌谣,你听到的,一定是生活在这里的各族人民的幸福歌声。

邙山王陵

中国的民间有句俗语这样说："生在苏杭，死葬北邙。"这句话的意思是说，苏州和杭州人杰地灵，人们都想生活在那里；而人们死后，最想归葬于北邙。那这个北邙是什么地方？为什么那些古人都想要葬在那里？

北邙是指邙山。邙山位于河南省洛阳市北，黄河南岸，是秦岭山脉的余脉，邙山为黄土丘陵地，是洛阳北面的一道天然屏障，也是军事上的战略要地。邙山树木葱郁，苍翠如云。如果人们登山俯瞰，可以将伊河与洛河的景色尽收眼底；如果是在傍晚时分，还能看到洛阳城中的万家灯火，星星点点，美不胜收。"邙山晚眺"也被誉为"洛阳八景"之一。

从远处望去,邙山是貌不惊人的一座山。但就是这座山,却是殷周以来历代帝王、公侯将相,甚至平民百姓都想归葬的风水宝地。因为古代实行土葬,而邙山黄土层深厚,气候又比较干燥,因此适合土葬。加上它又背倚洛阳城,风水极佳,因此成为古人理想中的埋骨之地。岁月悠悠变迁,到今天,邙山上的各式陵墓已经数不胜数。正如唐代诗人王建在《北邙行》中所说:

北邙山头少闲土,尽是洛阳人旧墓。

邙山陵墓群是世界上古代陵墓分布较为集中的地区之一。有东汉、曹魏、西晋、北魏四朝十几个帝王的陵墓及皇族、大臣的陪葬墓，总数在千座以上。如今人们登上邙山，仍然可以看见大大小小的土包，都是历代帝王将相、达官显贵的墓冢。在邙山王陵中，现存著名的帝王陵有汉光武帝刘秀的原陵、汉献帝刘协的禅陵、西晋司马氏的王陵、北宋历代皇帝王陵等帝王陵，除此之外还有战国时秦相吕不韦、西汉文学家贾谊、东汉名将班超、唐朝诗人杜甫、大书法家颜真卿等历代名人的墓地。

邙山上陵墓数量之多，令人惊叹不已。为了更好地保护和管理这些古代遗迹，人们在邙山上设立了一座古墓博物馆。博物馆由一组仿汉代建筑群和一组仿北魏建筑群组成，其面积之大、风格之别致、收集古墓年代之久、古墓类型及数量之多均属世界首位，是中国一大奇观。因此，洛阳古墓博物馆又是我国目前最大的古墓博物馆之一，也是世界上第一座古墓博物馆，每年都有不少人从各地来到这里参观游览。

"生在苏杭，死葬北邙"，如果你想了解古人是怎么生活的，那就要去苏州与杭州探寻；如果你想了解古人对于死亡都有什么要求，那就一定要来看看邙山上的这座古墓博物馆。当你走进博物馆时，并不会太多地感受到关于死亡的沉重气息，更多的是瞻仰千年前帝王的风采，了解中国既古老又鲜活的历史。

第一章 山之歌
SHANZHIGE

峨眉天下秀

大家听过《白蛇传》的故事吗？传说在宋朝时，有一条白蛇在峨眉山中历经千年修炼，化为一个美丽女子，取名为白素贞。她在尘世间与书生许仙相恋成婚，却因此触犯天条，最终被压在雷峰塔下，夫妻分离。这个凄美的爱情故事流传了千年，不知你是否有过疑问：故事中白蛇修行千年的峨眉山究竟在哪里？世间是否真的有白素贞和许仙呢？其实，白素贞和许仙只是神话传说中的主人公，但是峨眉山却是真实存在的。

峨眉山位于四川省峨眉山市境内，它地势陡峭，风景秀丽，被誉为"峨眉天下秀"。峨眉山包括大峨、二峨、三峨、四峨四座大山。

大峨山是峨眉山的主峰,它与二峨两山相对,远远望去,双峰耸立在缥缈的云雾间,恍若仙境。

相传从前峨眉山只是一块巨石,这块巨石高接蓝天,巨石上寸草不生。为了建设美好的家园,一个聪明能干的石匠和他的妻子决心用他们的双手将巨石打凿成一座青山。天上的神仙为他们的决心和努力所感动,于是就赶来帮助他们。在神仙的帮助下,石匠把巨石凿成了起伏的山峦,妻子将刺绣变成了山上的苍松翠柏、飞瀑流泉。因为这座山像妻子的眉毛一样秀美,所以人们把这座山叫作峨眉山。

在中国的传统文化中,峨眉山是普贤菩萨的道场,菩萨被登山的人们供奉,山亦因菩萨而扬名。峨眉山是一座不折不扣的佛教之山,它与五台山、九华山、普陀山一起被并称为中国的佛教四大名山。从汉代末年开始,人们便在峨眉山上修建寺庙。直到今天,峨眉山上仍然有著名的报国寺、伏虎寺、清音阁、洪椿坪、仙峰寺、洗象池、金顶华藏寺、万年寺八大寺庙。直到今天,这些寺庙依然香火鼎盛。

古往今来，峨眉山的秀丽风景和深厚文化底蕴吸引着文人墨客在此驻足游览、吟诗作赋，其中最著名的要数李白的《峨眉山月歌》。

> 峨眉山月半轮秋，影入平羌江水流。
> 夜发清溪向三峡，思君不见下渝州。

诗人李白一生爱好入名山大川游历，他曾在经过四川时，见到峨眉山间的半轮秋月，山月的影子映在平羌的江水之中，月影随江东流。此情此景让他诗兴大发。其实，峨眉山景色秀甲天下，又岂止是月色令诗人难忘呢？

今天在峨眉山上，人们能够领略到的不仅是它"秀甲天下"的美景，更有许多他处不可得的乐趣。峨眉山是一个充满生机的动植物王国，尤其以猴群出名。人们在山中行走，时常能见到三五猴群出没。它们并不怕人，经常向上下山的游客索要食物，有时也学人的姿态走路嬉戏，成为峨眉山一大特色。

当你走在峨眉山间，看到群猴出没，对你挥手点头时，千万不要惊讶，也不要害怕，在这青山绿水之中，人们更像是过客，猴子才是峨眉山真正的主人。这时候，你不妨主动与它们一起玩耍，尽情感受峨眉山不一样的趣味。不过，野生猴子的爪子尖利，大家也要格外小心哟！

青城天下幽

> 峨眉天下秀，青城天下幽。

在民间，每当人们提到峨眉时，便总会顺便提及同在四川的青城山。这两座山仿佛是亲密的姐妹，不可分割。我们领略过峨眉山的秀美，那青城山又是什么样子呢？

青城山位于四川省都江堰市西南，背靠千里岷江，俯瞰成都平原。自古以来，人们以"幽"字来概括青城山的特色。青城山中，峰峦、溪谷、道观都掩映于繁茂苍翠的林木之中，可谓四季青翠；山上还有上千级的石阶，在山中蜿蜒曲折，展现出曲径通幽之美，因此得到了"青城天下幽"的美誉。

青城山在历史上有许多称谓，先秦时期人们称它为"丈人山"，唐代以后称"青城山"。"丈人山"这个名字，来源于一个与仙人有关的故事。传说在上古时代，黄帝与北方的蚩尤作战时总是不能取胜，便来到青城山向仙人宁封子讨教，宁封子教给黄帝御龙飞行的法术。后来，黄帝凭借此术战胜了蚩尤，统一了华夏民族。为了表达对仙人宁封子的感谢，黄帝封宁封子为五岳丈人，而他所居住的青城山也被称作"丈人山"。如今青城山上的著名景点——访宁桥和龙隐峡栈道就是这个传说的遗迹。

唐代以后人们改称它为"青城山"，也有两种说法。一种说法是说因为青城山林木葱郁，如同一座绿色的城郭，故名"青城山"。另一种说法是说"青城山"原名"清城山",这是因为古人认为"清都"是天帝所居的地方,也就是神仙居住之处,所以名为"清城山"。唐代时山上佛家与道家相争,后来唐玄宗下诏解决纷争,命令将道观建在山中,而将寺庙建在山外。诏书中将清城山的"清"字错写成了"青"字,

从此"清城山"便更名为"青城山"。也因为唐玄宗的诏书,青城山上道观众多,青城山也成为一座名副其实的道教名山。

其实,青城山与道家文化的渊源,早从汉代就开始了。东汉末年,道教创始人"天师"张陵来到青城山,看中了青城山的清幽,便在此传道,青城山于是成为道教的发祥地之一。张陵之后,从汉末到南北朝,来到青城山修道求仙的还有李阿、陈勋、范长生、杨超远等人。来此访求仙道的人络绎不绝,也正说明青城山不负仙都之名。

现在的青城山上,全山的道观以天师洞为核心,包括建福宫、上清宫、祖师殿、圆明宫、老君阁、玉清宫、朝阳洞等数十座道教宫观,许多道教信徒聚集在这里修行求道。

广袖长袍、仙风道骨、白发白须……这些都是我们对修道人士的印象,如果你想知道现实中的修道者是不是这副模样,那就一定要去青城山了。毕竟青城山,就是一座活的"道教博物馆"。

苍莽太行

提起太行山，你会想到什么？是太行山下愚公移山感动上帝的传说，还是抗战时期八路军在太行山根据地浴血杀敌的动人故事？不管会想到什么，我们都要知道，太行山是一座巨大的山脉，它纵跨了北京、河北、山西、河南四个省市，绵延400余千米，是蜿蜒于中原北部的一座巨大山脉。太行山山峰高大，山谷幽长，既有北方大山的雄浑，又有江南山水的灵秀。山中山道蜿蜒，林木葱郁，溪流清澈，飞泉激荡，如同一轴壮美的山水画卷。

第一章 山之歌
SHANZHIGE

苍茫巍峨的太行山,从古到今吸引着无数人前往登临,从而也诞生了许多有趣的神话传说。在《列子·汤问》中,就记载了愚公移山的故事。传说,从前有太行、王屋两座大山,方圆七百里,高七八千丈。两座山坐落在冀州的南边、黄河的北边。山下住着一位叫愚公的人,年纪将近九十岁。他苦于人们每天攀山绕路的艰辛,就把全家人聚集起来商议说:"我们同心协力,尽全力铲除门外险峻的大山,好吗?"他的妻子迟疑道:"可是,凭借我们的力量,连一座小土丘都不能铲平,又怎么能把太行、王屋这两座大山搬走呢?况且要把土石放到哪里去呢?"众人商议后说:"把它们扔到海里去。"于是,愚公便带领着全家人开始移山。

有一个叫智叟的老人嘲笑并阻止愚公说:"你太傻了!就凭你残余的年岁和剩下的力量,甚至不能毁掉山上的一棵草木,又能把山上的泥土、石头怎么样呢?"愚公却说:"即使我死了,我还有儿子在。儿子生孙子,孙子又生儿子,子子孙孙没有穷尽,山却不会增加高度,何必担忧挖不平?"后来,天帝被愚公的诚心感动,便用神力将两座山移走了,从此,从冀州南部到黄河北边,便没有高山阻隔了。

愚公传说虽然只是一个传说故事,却代表着中国古代劳动人民移山填海的坚定信心和顽强毅力。这个故事同时也展现出太行山的

巍峨高峻。太行山中千峰耸立，万壑沟深，有许多条河流穿行而过。而山脉被河流切断的地方，古人称它为"陉(xíng)"。古代一直有"太行八陉"的说法，就是说太行山中有八条穿越山脉的通道。太行山独特的地形，使之成为古往今来重要的军事要地。

从春秋战国到明清的两千多年间，太行山中烽火不息。战国时期，秦国攻伐韩国时，两方曾在太行山大战。抗日战争时期，太行山遍燃烽火，八路军一二九师在刘伯承、邓小平的领导和指挥下，创建了太行山根据地，谱写出许多可歌可泣的英雄故事。太行山脉中的麻田镇，是抗战时期八路军总部的所在地，八路军副总参谋长左权将军，就是牺牲于此。

当今天的我们走进太行山时，耳边仍然会响起当年抗战志士嘹亮雄壮的歌声："红日照遍了东方，自由之神在纵情歌唱！看吧！千山万壑，铁壁铜墙！抗日的烽火，燃烧在太行山上……"对于中华民族而言，太行山不仅是一座雄伟壮美的山脉，更是一片英雄的土地。

第一章 山之歌

SHANZHIGE

巍巍昆仑

如果你喜欢听神话传说，一定听过昆仑山的名字，那可是我们中华民族最有名的神山之一。千百年来，中华民族不知产出了多少与它有关的神话传说，但是，你知道真实的昆仑山是在哪里吗？

昆仑山是位于亚洲中部的一座庞大的山脉，它全长约2500千米，西起帕米尔高原东部，横贯新疆、西藏，一直伸延到青海境内。在中华神话体系里，昆仑山被认为是中国最古老的仙山，在中华民族的文化史上具有"万山之祖"的显赫地位。

关于昆仑山的传说有很多，唐代诗人许浑曾写过一首诗，这首诗是这样的：

> 晓入瑶台露气清，座中唯有许飞琼。
> 尘心未尽俗缘在，十里下山空月明。

诗中描绘了他曾经做过的一个梦，在梦里，他登上了昆仑山瑶台，与一位叫作许飞琼的美貌仙女宴饮作乐。他梦醒后，便提笔写下了这首诗。第二天，他在梦中又碰到这位仙女，许飞琼对他说："不要把我的名字告诉天下人。"于是许浑梦醒后，赶紧把这首诗的第二句改成了"天风飞下步虚声"。

许飞琼是昆仑山上的一位仙女,她二度入梦,只是为了不让自己的名字流传天下,可见在人们心目中神仙的神秘。那么,在古老的传说中,昆仑山究竟是一个什么样的地方呢?

《山海经》是一本记载了中国古代神话、地理、民俗的古籍,根据其中记载,昆仑山是海内最高的山。山上到处金雕玉饰,遍地奇花异草。昆仑山从下到上可以分作三层:下层叫作樊桐,中层叫作悬圃,上层叫作增城,又称天庭。据说一个人只要穿过下层走到中层,他就可以长生不死了;而如果走到上层,就能够飞升上天成为神仙了。传说在昆仑山上,还有一座庄严华丽的宫殿,宫殿东北方不远处就是著名的瑶池。瑶池边生长着结满了珍珠和美玉的仙树。瑶池的主人就是一位法术高强的仙女——西王母,民间俗称王母娘娘。她是一位人头豹身的女仙,头发上戴着玉胜,牙齿如同老虎,身边经常围绕着三只青鸟。西王母长相虽

然凶狠，却是一位好客的神仙。她每年都要在瑶池举行蟠桃盛会，让神仙们欢聚一堂，谈仙论道。

在今天的昆仑山下，还有一条昆仑河，昆仑河的源头被称作黑海。黑海虽然被称作"海"，其实却只是一个内陆湖泊。黑海湖水碧绿，水草丰美，鸟兽云集。人们传说这里就是瑶池落到人间的影子。现在的黑海已经成为昆仑山中的旅游胜地，湖畔立着一块刻着"西王母瑶池"的纪念碑。每年都有无数人来到这个神话的世界，寻找自己想象中神话传说的源头。

另外，位于新疆和田的昆仑山麓还出产高质量的美玉，这里从古代起就是中原地区玉石的主要来源，《千字文》中提到的"玉出昆冈",就是说美玉是出自昆仑山的。

千百年来,昆仑山脉给我们留下了无数神奇的想象。女娲补天、共工触山、嫦娥奔月、赤松行雨、后羿射日、白蛇盗草……这些神话传说,有的表达了人与自然和谐共处的愿望,有的寄托了古代劳动人民抵御自然灾害的希望,还有的是在讲述英雄的故事,讴歌美好的爱情。

而这些神话传说所要传达的精神,也是中华民族精神的表现。昆仑山所代表的,正是一种宏大、刚强、正义的精神。正如清末革命家谭嗣同在牺牲前所说:"我自横刀向天笑,去留肝胆两昆仑",高大巍峨的昆仑山,已经成为中华民族的文化名片和精神信仰。

在过往历史中,有无数文人墨客赞美咏颂过昆仑山。比如屈原的"登昆仑兮四望,心飞扬兮浩荡",曹操的"我居

昆仑山，所谓者真人。道深有可得"，李白的"若非群玉山头见，会向瑶台月下逢"……这些名句华章，无不表达出诗人们对昆仑山的向往。历经数千年的时间，文人墨客早已远去，但是与昆仑山有关的神话和文学作品却代代相传，承载了中华民族瑰丽的想象与悠久的文化。

如果你有机会去到昆仑山，看着它蜿蜒雄奇的形态，你的心中肯定会有一股情绪不停地激荡着。而你记忆中与它有关的故事和精彩诗文，则会让眼前的山脉显得更加不凡。

第一章 山之歌 SHANZHIGE

61

阴山敕勒川

我们的祖国幅员辽阔,不同地方地表的形态更是千变万化,有山川、有平原、有丘陵、有沙漠、有戈壁,等等。你们生活的区域是什么样的呢?是在高山下,还是在平原上?

不管你在哪里生活,你一定听到过这首歌:

敕勒川,阴山下,天似穹庐,笼盖四野。
天苍苍,野茫茫,风吹草低见牛羊。

这首《敕勒歌》选自《乐府诗集》,是南北朝时期黄河以北的敕勒民族流传的一首歌谣。歌里的人们,就生活在阴山脚下一片广阔的草原上。歌中所唱的敕勒草原,是古代游牧民族敕勒族的家园。而敕勒川所倚靠的阴山山脉,正是中国北方边陲的屏障之一。

阴山是位于今天内蒙古自治区中部的一座山脉,呈东西走向,绵延1000千米,包括狼山、乌拉山、色尔腾山、大青山等大小山峰。

根据古籍记载,阴山在古代曾是一个"草木茂盛,多禽兽"的地方。阴山的蒙古语名字为"达兰喀喇",意为"七十个黑山头"。位于阴山南麓的两座城市——呼和浩特和包头,它们的名字出自蒙古语,意为"青色的城市"和"有鹿的地方"。古代青与黑颜色相近,足见阴山草木葱郁,呈现出一片生机勃勃的景象。

阴山脚下的敕勒川，是今天水草肥美的河套平原。黄河在流经宁夏、内蒙古与山西之间时，河水曲而东折，又复向南行，形成一个大大的"几"字，这就是著名的河套。由于草木茂盛，沃野一方，河套成为中国远古文明的重要发祥地之一。在大约距今五万年前，中国北方的一支先民——生活在新石器时代晚期的河套人就诞生在这里。阴山与河套的文明之火从此被点燃。在阴山上，人们又发现了大量的岩画。这些远古先民在岩石上雕刻的画作，内容包括飞禽走兽、车辆马具、日月星辰、舞蹈祭祀等，题材十分广泛。阴山岩画一幅接一幅，一代接一代，几乎记录了内蒙古草原文明的整个历史进程。

在中国古代，阴山是北方草原和中原大地的分水岭，从而成为游牧民族政权与中原王朝争夺的焦点。秦汉与匈奴、北魏与柔然、隋唐与突厥，历代交锋都以阴山为主战场。在诗人的笔下，吟咏阴山的诗作充满了慷慨悲凉的意味。

盛唐诗人王昌龄感叹"秦时明月汉时关，万里长征人未还。但使龙城飞将在，不教胡马度阴山"，面对阴山，他怀念的是曾经抗击匈奴的英雄。清代诗人余正酉描写阴山风光称"大漠天低四野园，黄沙千里绝人烟。此生梦断封侯想，也到阴山敕勒川"，诗中难掩诗人对边塞烽烟、戎马生活的向往。

在古人心中，阴山代表的是慷慨悲凉的英雄之气。然而今天的阴山与河套平原，早已不复远古时期的肃杀之景。在人们的印象中，这一带本该是塞北苦寒之地，是贫瘠荒凉的，但是由于黄河在这一带水流平稳，从汉代开始古人就在这里修筑水利工程，引黄河水灌溉农田。因此河套平原人烟稠密，农产丰富，成了塞上的"米粮川"。

草原长绿，阴山长青，今天的你来到阴山敕勒川时，看到的一定是这幅景象。汉、满、回、蒙古等各族同胞在河套平原上和睦生活，他们为古老的阴山注入新的活力。"天苍苍，野茫茫，风吹草低见牛羊……"幸福的歌声会一直回荡在阴山敕勒川之上。

明月出天山

每年夏天瓜果上市的时候,是爱吃水果的人们最开心的时候。黄澄澄的哈密瓜、紫莹莹的葡萄、雪白的香梨,当然还有晶莹剔透的石榴……当甜蜜的滋味在口中绽放时,你是否想过,上面提到的这些水果,它们的故乡是在哪里呢?

原来,这些深受我们喜爱的水果,是来自祖国的边陲。天山南北,正是它们的产地。那么天山又是什么样子呢?

天山是亚洲中部一座巨大的山脉,它东起中国新疆哈密的戈壁荒漠,横亘新疆全境,向西一直延伸到中国的邻国乌兹别克斯坦境内,东西长2500千米,平均海拔约5000米。

天山是一座古老的山脉，在《山海经·西山经》中就有关于天山的记载："天山，多金玉，有青雄黄。英水出焉，而西南流注于汤谷。"意思是说天山上盛产金属矿物和玉石，还有很多石青和雄黄。对于古人而言，这些都是难得的宝贝，可见天山是一座自然宝藏。英水是传说中的古河，而汤谷是传说中的日出之处。《山海经》中说英水发源于天山，一直流到日出的地方，这是属于天山的神话。

博格达峰是天山的一座主峰，蒙古语意为"神圣（之山）"，是古代西域各民族崇拜的神山。传说神山中有天池，按《穆天子传》记载，三千多年前西周的天子周穆王乘着八匹骏马西巡，曾在天池之畔与西王母欢筵对歌，留下千古佳话，天山也从此蒙上了一层更加神秘的色彩。

在现实中，天山自古以来就是联系中原与西域各国的通道。由于战略意义重要，天山成了古代著名的战场之一，也因此诞生了许多有趣的故事。

相传在唐代时，北方的铁勒族不断进犯大唐边境，驻守边关的将军薛仁贵带兵反击。双方在天山交兵时，薛仁贵看准时机，连射三箭，射中对方三名将领。敌军将领坠马身亡，形势大乱，大军顷刻溃败。薛仁贵则乘胜追击，彻底打败了边境的游牧部落，天山一带从此安宁。于是大唐的百姓们纷纷歌唱："将军三箭定天山，战士长歌入汉关。"

这就是"将军三箭定天山"的故事。在那以后边陲安定，便有了许多诗人游历边塞吟咏天山的事迹。比如李白著名的诗篇《关山月》：

> 明月出天山，苍茫云海间。长风几万里，吹度玉门关。
> 汉下白登道，胡窥青海湾。由来征战地，不见有人还。

这首诗描绘的是将士们戍守边陲思念家乡的情景。在这万里边塞雄图之中，最浓重的一笔便是天山。

悠悠岁月时代变迁，如今的天山早已不再是古时的战场。雪山插云，冰河纵横，云杉如翠，幽草如织……今天的天山既是汉族、维吾尔族、哈萨克族、锡伯族等民族共同生活的乐园，也是人们争相游览的胜地。

在天山南麓的座座高山之间，坐落着著名的吐鲁番盆地，它是中国陆地最低洼之处。由于盆地四周高山环绕，阳光辐射强烈，因而炎热异常。盆地中部横亘着一座赤褐色的山，远望如同熊熊火焰，因此被命名为火焰山。在《西游记》中吴承恩写的"唐三藏路阻火焰山，孙悟空三借芭蕉扇"的故事，就发生在火焰山。

但是吐鲁番盆地并不如小说中描写得那么荒凉，在火焰山西侧有一条林荫峡谷，谷中绿荫茂密，溪水纵横，到处种植着葡萄。吐鲁番种植葡萄的历史长达两千多年，在国际上也享有盛名。

不只是吐鲁番葡萄沟，天山南北都是著名的瓜果产地。正如新疆民谣说："吐鲁番的葡萄、哈密的瓜，库尔勒的香梨人人夸，叶城的石榴顶呱呱。"一句话道出了天山南北四个有名的水果之乡，今天我们在市场上，也常能见到来自天山的瓜果。

湖山秀美，果实丰硕，传说动人，今天的天山正如人们歌中唱的那样："天山高啊天山长，天山南北好风光。"当你们在夏天吃着瓜果，享受愉悦时光时，可不要忘记它们的产地天山和天山的美丽传说哦！

碧水丹峰武夷山

你们喜欢喝茶吗？在生活中，是否经常见到人们聚在一起品茶呢？中国是茶的故乡，中国人已经有长达四千余年的饮茶历史了。而在诸多的茶叶中，武夷茶作为乌龙茶中的极品，备受人们的喜爱。你们知道吗？这种武夷茶，便产自美丽富饶的福建武夷山。

> 年年春自东南来，建溪先暖冰微开。
> 溪边奇茗冠天下，武夷仙人从古栽。

宋代词人范仲淹的这首《武夷茶歌》，描述的正是宋代武夷茶流行全国、誉满京城的景象。因为武夷茶的产地武夷山是在建溪上流的崇阳溪之畔，因而武夷茶常有建溪茶、建茶或建州茶之称。在词人的眼中，冠绝天下的武夷茶，就像是仙人自古栽种的。

在武夷山的传说之中，第一株茶树正是仙人所赠。相传古时山上有一位采药为生的老人，他心地善良，很愿意帮助别人。有一年山中疾病流行，老人冒险攀上悬崖为大家采药治病，却因为劳累从悬崖上摔了下来。武夷仙人救活了老人，并送给他一株茶树。老人用茶水治好了全村人的病，又按照仙人的嘱咐，带着村民开垦荒地，种植茶树。后来武夷山上便形成了成片的茶林，人们为了纪念仙人，就在第一株茶树生长处的岩壁上刻下了"茶洞"两个字，以记仙人赐茶之恩，这便是"溪边奇茗冠天下，武夷仙人从古栽"的故事。

从自然环境来看,武夷山气候温和,空气清新湿润,很适宜茶树的生长。因此自唐代以来,武夷茶便享誉海内外。武夷茶名品很多,除了最著名的"大红袍"之外,还有"铁观音""白鸡冠""醉海棠"等。武夷茶是武夷山独有的一张名片。

然而除了茶叶,武夷山更为人们所赞誉的,是其奇绝神秀的景色。武夷山位于福建省西北部,山上奇峰叠嶂,碧水如画,被誉为"碧水丹峰"。古人诗中说"三三秀水清如玉,六六奇峰翠插天",三三水即蜿

蜒于武夷山中的九曲溪，六六峰是指全山中的三十六座山峰。山依水而列，水绕山而流，山水相依，亲密无间。九曲溪在山中盘桓九曲，映照着两岸奇峰秀景。山色倒映水中，更显出色影斑驳，满溪碧透。风吹来时光影变化万千，令人目不暇接。宋代的文人李纲见到这样的景色，也不由得提笔写下下面的诗句：

> 一溪贯群山，清浅萦九曲。
> 溪边列岩岫，倒影浸寒绿。

　　武夷山水奇绝，被人们赋予"秀甲东南"的美誉。同时，武夷山也是一座历史文化名山。自然赐予了武夷山独特和优越的自然环境，也吸引了历代高人雅士、文臣武将在山中或游览或隐居，或著述或授徒，前赴后继，来往不绝。唐代诗人李商隐曾到武夷山作诗感怀，宋代词人陆游也曾居住于此，以诗话武夷为乐趣。但是真正让武夷山名闻天下的，还是宋代理学家朱熹。他在武夷山营建武夷精舍，也就是后来的紫阳书院。著名的"朱子理学"也在这里萌芽、发展、传播天下。公元1178年初秋，朱熹与友人沿九曲溪逆流而上，眼见溪水旋绕曲折，每曲各有特色，他一时兴起，创作了《九曲棹歌》，并引得后世多位诗人以此奉和。

　　在中国传统之中，人们常认为泰山孕育孔子，开创儒学，成为中国文化源流的主要骨干。而武夷山造就的朱熹，是一位集孔子以下学术思想大成的儒学大家。因此，武夷山是一座不折不扣的文化名山，是中国文化的瑰宝。

　　如果大家有机会去武夷山游玩，一定要到紫阳书院去看看。在瞻仰先贤风采之余，也别忘记品一杯清茶，感悟中国悠久绵长的茶文化。

第二章　水之谣

- 长江三峡
- 黄河的洪水传说
- 泾渭分明
- 湘水洞庭波
- 洮河流珠
- 人间天堂西子湖
- 洛河传说
- 淮水汤汤
- 岷江与都江堰
- 钱塘八月潮
- 日月双潭

长江三峡

> 朝辞白帝彩云间，千里江陵一日还。
> 两岸猿声啼不住，轻舟已过万重山。

这首《早发白帝城》，是大诗人李白在流放途中遇赦返回时所作的一首诗，也是他的诗作中流传最广的一首名篇。诗人在猿鸣声中乘船随江而下，江水湍急，却挡不住诗人轻松喜悦的心情。而在这首诗中描述的，便是著名的长江三峡。

长江是中国第一大河,也是世界第三大河。它发源于青藏高原的唐古拉山脉,在流经中国的十一个省份后,最终注入东海。而在不同的流域,长江显现出不同的姿态。尤其是在它流经四川盆地时,因接纳了岷江、沱江、嘉陵江、乌江等几条大支流,水量骤然增加,滔滔巨流劈开了崇山峻岭,形成了举世闻名的长江三峡。

三峡是长江在这一流域上的三座峡谷的总称,从西向东依次为瞿塘峡、巫峡和西陵峡。三峡西起四川奉节的白帝城,东到湖北宜昌的南津关,全长204千米。沿岸山势雄伟,江水奔涌,险滩奇峰、波光云影交织在一起,形成了一幅壮丽无比的山水画卷。

瞿塘峡悬崖陡立,流水凶猛,来往船只经过时,必须小心翼翼。而在瞿塘峡口的江面上,原本有一块巨石,常有船只路过时不慎触石沉没。直到1958年,这块巨石被炸掉,瞿塘峡天险才变成通途。巫峡以景致幽深著称,峡谷两岸树木繁茂,树林中有猿猴出没,常有猿鸣声传出,其声音悲痛哀伤,令路过江上的游人动容感伤,正如诗歌中所唱的:"巴东三峡巫峡长,猿鸣三声泪沾裳。"而西陵峡则是三峡中最险的,峡中河道混乱,险滩无数,古人说它"西陵滩如竹节稠,滩滩都是鬼见愁"。这里虽然险峻,但峡谷两岸风景奇绝,怪石、奇洞和岩壁上的雕刻,都吸引着无数文人来观赏游历。

长江的自然奇观集中在三峡地区,而名胜古迹却遍布于上、中、下游两岸。长江流域自古就是中华民族的祖先们繁衍、生活的重要地区,长江也是孕育中华民族的母亲河。长江流域是元谋猿人、和县猿人、长阳猿人活动的地方,大溪文化、屈家岭文化、河姆渡文化、三星堆文化也都是长江流域悠久文化的代表。长江上游的涪陵是古代巴国的文化中心,至今仍保留着许多古代巴蜀百姓活动的足迹。而长江流经湖北,成为古代楚文化的发源地。湖北省秭归县是战国时期楚国的古都,也是爱国诗人屈原的故乡。在长江中下游,武汉、南京、上海等古都名城,更是依托于长江而发展的。

自古以来,长江中下游都是中国经济最发达的地区之一。时至今天,长江依旧养育着无数中华儿女。灿烂辉煌的长江文化,已成为中华文明不可缺少的一部分。

黄河的洪水传说

> 黄河西来决昆仑,咆哮万里触龙门。
> 波滔天,尧咨嗟。大禹理百川,儿啼不窥家。
> 杀湍湮洪水,九州始蚕麻。

黄河是我们中国人最熟悉的河流,它时而平静,时而奔涌,是中华民族的母亲河。你心中的黄河是什么样子呢?在诗人李白的心中,黄河冲破昆仑山口,咆哮万里滚滚东来。而黄河滔天的波浪会带来灾难,令沿岸百姓流离失所。直到大禹治好了洪水,天下才恢复太平。诗人为何会有这样的感慨呢?这要从黄河天险说起。

黄河发源于青藏高原的巴颜喀拉山脉,自西向东流经九个省份。在黄河中上游,河水流经积石山南麓时经过龙羊峡、青铜峡、刘家峡等峡谷，这些地方地势险峻，落差巨大，水流愈发凶猛，因此便形成了波浪滔天的情景。而"黄河之水天上来"，既是独特的风景，却也造成洪水频发的灾患。因此在古代，黄河中下游地区洪水频发，由此民间才诞生了类似大禹治水的传说。

大禹治水是古代著名的洪水传说。相传古代黄河泛滥，导致民不聊生，尧舜二帝便命鲧禹父子两人负责治水。鲧治水治了许多年，洪水却并没有消退，舜帝便撤掉了鲧的职务，并把他流放到偏远的地方以示惩戒，并任命鲧的儿子大禹继续治水。大禹从父亲以堵治水的失败经历中吸取教训，他改变了"堵"的办法，选用对洪水进行疏导的办法来治水。大禹治水用了十三年，耗尽了心血。相传，他因为忙于治水，曾三次路过家门而不入，历尽千辛万苦，才终于完成了治水的大业。

今天，人们在黄河的中游，可以看见一座名叫三门峡的峡谷。黄河从黄土高原浩浩荡荡而来，冲入这条峡谷，迎面被神门、鬼门两座河心岛劈成三股。两座岛与河岸岩壁之间形成的三条水道，分别被称为"人门""神门""鬼门"。人们传说，这三门正是大禹治水时用巨斧劈开的，三门峡也因此得名。

三门峡谷水流湍急,历来是黄河水运最危险的地段。而在三门峡谷激流中,有一座巍然矗立的石柱,人们称它为"中流砥柱"。相传,这块石柱是黄河上一位老艄公的化身。很久很久以前,一位老艄公驾船载着满船乘客穿越三门峡天险,船在激流冲击下,眼看就要撞向岩石。就在这危难的时刻,老艄公大喝一声:"掌好舵,朝我来!"便纵身跳入波涛之中。船工们顾不得多想,驾船朝老艄公喊声的方向驶去,终于驶过了危险河段。当大家回头观望时,老艄公已变成一座石柱,昂首挺立在黄河中流。千百年来,它一直力挽狂澜,巍然屹立在黄河之中,成为黄河流域人民精神的象征。

无论是大禹治水的故事,还是老艄公的传说,都展现出中华民族不畏自然灾害的精神风貌。1960年,中国人民在黄河天险上建成三门峡大坝,这座水利枢纽被誉为万里黄河第一坝,它与黄河一起造福着生活在中原大地上的人们。

千百年来,我们的祖先沿着黄河劳动、生息、繁衍、征战,从而渐渐形成了伟大的华夏民族。在今天的黄河两岸，仍遍布着华夏先祖的活动遗迹，这里有蓝田猿人化石遗址，有半坡村仰韶文化遗址，还有西安、洛阳、安阳、开封等古老的都城。伟大的黄河塑造了一个黄皮肤民族的国魂和民风。黄河九曲万里而来，它不屈不挠的精神，正是我们民族精神的映照。当你们低头看向自己黄色的皮肤时，心中是否会涌现黄河的影子？

第二章 水之谣

SHUIZHIYAO

泾渭分明

"泾渭分明"是一个成语,用来比喻界限清楚或者是非分明。在生活中,你使用过这个成语吗?你是否知道这个成语的来源?

"泾渭分明"这个成语与两条河流有关,"泾"与"渭"指的是泾河与渭河,泾河水清澈,渭河水浑浊,两条河交汇时互不相融,界限分明,形成了一道奇特的自然景观。泾河与渭河都是关中平原上非常重要的河流,而泾河是渭河最大的支流。在关于泾河的故事中,最有趣的,莫过于泾河龙王的传说。

第二章 水之谣

SHUIZHIYAO

相传唐朝贞观年间,泾河龙王因与江湖术士袁守诚打赌,故意违背玉皇大帝的旨意,减少降雨的数量,结果触犯了天条,天庭命令唐朝的大臣魏征问斩泾河龙王。在临刑前一天晚上,泾河龙王向唐太宗李世民托梦求救,唐太宗答应了。第二天,唐太宗让魏征陪他下棋,以为这样魏征就没有办法去杀龙王了。没想到棋下了一半,魏征便睡着了。等他醒来时,说自己做梦把泾河龙王给斩了。这就是著名的"魏征梦斩泾河龙王"的故事,明代的吴承恩也把这个故事写进了《西游记》里。

但是故事到此并没有结束,泾河龙王被斩后,他的儿子继位为新任龙王,并娶洞庭湖龙女为妻。后来,到唐代贞元年间时,书生柳毅路过泾河,见龙女被丈夫虐待,心生同情,帮助龙女传信,最终龙女被家人救回。"柳毅传书"也成为泾河的另一段动人传说。

渭河古称渭水,《山海经》中记载:"渭水出鸟鼠同穴山,东注河,入华阴北。"由此可知,渭水发源于甘肃省渭源县的鸟鼠山,向东流经陕西,在潼关附近汇入黄河。

渭河流域的历史悠久,相传轩辕黄帝的部落最早就居住在渭水流域,于是,这里也成为中华文明的发源地之一。古都西安(古名长安)便位于渭水流域,所以在古代,人们常常把渭水与长安联系在一起,也因此有了唐代大诗人贾岛的千古名句"秋风生渭水,落叶满长安"。

关于渭水，最出名的故事便是渭水访贤。传说在商朝末年，商纣王昏庸无道，百姓生活痛苦不堪。居住在渭水流域的周部落领袖周文王姬昌，决定带领百姓推翻纣王的统治。有一夜他做了一个梦，梦见一只熊飞到了他的怀里，这个梦预示着，他将找到一个贤人来帮助他。过了几天，周文王在渭水边看见一位老人在钓鱼，他上前询问，发现这就是他要的贤人。这位老人就是姜子牙，是历史上有名的智者。周文王带人到渭水边迎接他，并任命他为宰相。后来姜子牙辅佐周文王的儿子周武王，终于推翻了纣王的统治，建立了西周。

"泾渭分明"已经成为一个别致的景点，吸引着许多人驻足。这个景点就在今天的陕西省西安市高陵区，当人们在泾渭分明的河岸欣赏奇景之余，更该想到在生活中要学会明辨是非，就像眼前的河流一样清浊自有其分，这才是"泾渭分明"的真谛。

湘水洞庭波

在上一篇文章中,大家已经了解了泾河边曾经发生过柳毅传书的故事。那大家知道,柳毅传书救了龙女后,又发生了什么吗?而这个故事的结局,要从龙女的家乡,也就是洞庭湖说起。

> 湘山木落洞庭波,湘水连云秋雁多。
> 寂寞舟中谁借问,月明只自听渔歌。

这是唐代诗人郎士元所写的《夜泊湘江》,写的是湘江水流入洞庭的景色。湘江,也称湘水,位于长江以南,是湖南省最大的河流，也是长江最重要的支流之一。湘江发源于九嶷山麓，在零陵地区与潇水融汇，最终流入洞庭湖。湘江滔滔南来，汨汨北去，是湖南的母亲河，湖南省的简称"湘"便与它有关。湘江两岸赤壁如霞，白沙如雪，垂柳如丝，樯帆如云，风光绮丽。在中国历史上，每当提起湘江，人们往往会用"清、深、幽、远"这样的词汇来形容它，山川秀丽，人物多情，这是湘江独有的气质。

湘夫人的故事是中国古代最著名的神话之一。相传，上古的帝王舜在南巡途中去世，他死于苍梧，死后被葬在九嶷山，化为湘君。舜的两位妻子娥皇、女英追随丈夫到沅、湘江边，听到噩耗后悲泣不止，纵身投入湘江，化为湘江女神，后世称为湘夫人。湘夫人的泪水落在竹子上，使竹竿结满了斑点，"湘妃竹""斑竹"的名称就是由此而来。湘夫人

的故事流传了千年,湘江也成为文人墨客心中一条象征着忠贞爱情的河流。战国时的爱国诗人屈原写过一首长诗《湘夫人》,开篇四句"帝子降兮北渚,目眇眇兮愁予。袅袅兮秋风,洞庭波兮木叶下",写的既是洞庭秋色,也是湘君思念湘夫人却不得相见的情感。从那时起,湘江又被赋予了一丝悲情的色彩。

湘江流入洞庭湖,洞庭湖原为古代云梦泽的一部分。云梦泽曾是古代的大湖,后来由于泥沙沉积,云梦泽大部分变为陆地,只留下一些较小的湖泊。洞庭湖是其中最大的,也是现在中国的第二大淡水湖。

洞庭天下水,四季景不同。洞庭湖烟波浩渺,浩瀚迂回,春夏秋冬景色不同,一日之中变化万千,而"洞庭秋月""渔村夕照""远浦归帆"更是潇湘著名的景致。与湘江一样,洞庭湖也充满着神话色彩。传

说柳毅传书救了龙女后,龙女回到洞庭湖,非常感激柳毅的救命之恩。而柳毅也爱上了美丽善良的龙女,他离开洞庭湖龙宫后,常常望湖兴叹,湖中的龙女也日夜思念柳毅。二人在双方家长的撮合下结为夫妻,有情人终成眷属。从泾河到洞庭湖,这段美丽的传说终于画上了一个完美的句号。

然而令洞庭湖出名的不仅仅是龙女的传说,还有著名的君山银针。君山是洞庭湖中的一座小岛,岛上产茶历史悠久,银针茶在唐代便享有盛名。传说文成公主入藏时携带的就是君山银针。清代乾隆皇帝下江南时品尝到君山银针,十分赞许,将其列为宫廷贡茶。现在的君山银针被誉为中国名茶之一,是人们到洞庭湖君山时不能不尝的珍品。

洞庭湖对人们的馈赠还不止于美景与物产,作为长江流域最重要的湖泊之一,洞庭湖具有强大的蓄洪能力,曾使附近的江汉平原从无数次的洪患中化险为夷。所以,对于生活在洞庭湖区的人们来说,洞庭湖不仅是风光美丽的自然景区,还是生存家园的重要屏障。

洮河流珠

> 饮马渡秋水，水寒风似刀。平沙日未没，黯黯见临洮。
> 昔日长城战，咸言意气高。黄尘足今古，白骨乱蓬蒿。

秋水、寒风、黄尘、白骨……当你看到诗中的这些词语，你能想象出洮河的样子吗？唐代诗人王昌龄的这首《塞下曲》中，描写了黄昏时分洮河边上的景象。暮色苍茫，洮水冰冷，沙漠一眼望不到边际。而当时的洮河流域还是唐朝与吐蕃交战的战场，所以在诗人眼中，当时的洮河边一片凄凉。

洮河是黄河的支流之一，发源于青海省西倾山的东麓，在流经甘肃省后汇入黄河。洮河流域历史悠久，早在新石器时代就有人类活动的踪影。而在新石器时代晚期，这里的先民们就已经能够烧制陶器了。近代，洮河边的马家窑村还出土了大量彩陶，震惊世界。彩陶是

一种绘有彩色花纹图案的陶器。洮河边的彩陶造型多种多样，有动、植物和各种人类形象，反映出了人类先祖非凡的想象力和创造力。

洮河是陇原地区最重要的河流之一，它是丝绸之路的必经之地，自古以来便是中原王朝与西北少数民族交锋的战场。正因为如此，每当人们来到洮河之畔时，才会发出战争残酷、渴望和平的感慨。

而今天的洮河，早已不再有古代荒凉肃杀的景象。如今的洮河河水清澈碧绿，沿岸景色秀奇。而让洮河闻名于世的，是"洮河流珠"的奇观。洮河上游山势险峻，水流落差大，冬日严寒的时候，溅起的水珠便迅速冻结成冰珠，冰珠浮在河面上，随着水流漂到下游。每到严冬季节，只见洮河河面上一簇簇的流珠滚圆晶亮，玲珑剔透，浩浩荡荡地随波而下，景象奇异而壮观。

关于洮河流珠的原因，比较常见的说法是因为洮河源头的西倾山山高气冷，这才能滴水成冰。而在冰层下却仍有水流不断冲刷冰层，流水冲碎冰层形成冰珠，冰珠顺着水流而下，最终形成了洮河流珠的奇观。

在临洮地区，人们把洮河中的流珠视为吉祥物，流传着"玛瑙大，

装不下,玛瑙小,收成小"的说法。凡是哪一年洮河流珠来得早,数量多,去得迟,次年一定是个风调雨顺的丰收年。而每年腊月初八的凌晨,人们便会拿着干净的碗、盆、罐到洮河里去"请"流珠,将这些天赐灵物"请"回来后,放在院中央的案头上,等到天刚亮时,全家人团聚在一起,兴致勃勃地观赏流珠,希望洮河流珠能在新的一年给人们带来吉祥如意。

晶莹剔透的洮河流珠代表着人们对幸福生活的向往,如果你有机会在腊月初八到洮河边上走一走,可别忘了"请"几颗"洮河流珠"回来为新年祈福哦。

人间天堂西子湖

大诗人苏东坡曾有一首名叫《饮湖上初晴后雨》的诗,这首诗这么写道:

水光潋滟晴方好,山色空蒙雨亦奇。
欲把西湖比西子,淡妆浓抹总相宜。

诗中描写的是诗人在游览杭州西湖时看到的美丽景色。在诗人眼中,西子湖无论是在晴时还是在雨时,都有极美的景色。美到什么程度呢?美到可以用历史上大名鼎鼎的美女西施（又称西子）来比喻的地步。诗中这片美丽的湖泊，位于浙江省杭州市的西面。西湖三面环山，只有东北部为开阔的平原，而美丽的杭州市区就坐落在这片平原上。

在人们的眼中，西湖的一泓碧水如同一面碧玉镜，倒映着湖边苍翠浓郁的群山。后人根据南宋时的山水画，将西湖最著名的景点归纳为"西湖十景"，分别是：苏堤春晓、平湖秋月、断桥残雪、雷峰夕照、南屏晚钟、曲苑风荷、花港观鱼、柳浪闻莺、三潭印月、双峰插云。这些景点不光名字优美别致，景色更是令人陶醉。无论春夏秋冬，每当人们漫步西湖，都会发现步步是景，处处动人，因此古人称西湖是："四百八十可游处，三万六千堪醉时。"

美丽的西湖自古以来便有许多传说故事，其中最为著名的就是《白蛇传》。相传，曾有一条白蛇在峨眉山中修行千年，后来她来到人间，与凡人许仙相遇相爱，成亲生子。而他们相遇的地方就在西湖的断桥上，后来，白蛇因为触犯天条，被永远镇于西湖边的雷峰塔下。这个故事在民间流传得很广，人们听得多了，觉得就连镇压白蛇的雷峰塔的塔砖也有"镇妖"之效，于是，就不断来此挖取塔基的砖块，使得雷峰塔在1924年轰然倒塌。现在人们在西湖边看到的雷峰塔，则是在原址上重建的。

西湖的美景与传说吸引了历史上许多文人墨客在此驻足，唐代大诗人白居易就和西湖湖堤有着不解之缘。他在杭州做官时，主持修建了西湖长堤以防治水患，大大造福了杭州百姓。他还常常在湖边漫步，留有"最爱湖东行不足，绿杨荫里白沙堤"的诗句。在白居易的治理下，当时的杭州日渐富庶，杭州西湖之美，与他的治理之功密不可分。为了纪念他，人们把当年白居易时常漫步的白沙堤改称白堤，以此纪念他。

宋代的大文豪苏轼同样特别喜爱西湖山水，他所作的《饮湖上初晴后雨》，堪称咏西湖诗词绝唱。

在《饮湖上初晴后雨》中，苏轼形象地把西湖比作美女西施，西湖从此也被冠以"西子湖"的称呼。苏轼也曾在杭州为官，当时西湖水利年久失修，为了疏浚西湖，苏轼命人在湖中竖立三座石塔。这三座石塔，后来便形成了著名的景点"三潭印月"。苏轼也在西湖上修建了一条长堤，这就是后人所称的"苏堤"。苏堤的景色四季不同，晨昏各异，而"苏堤春晓"风光最为旖旎，被誉为"西湖十景"之首。

孤山伫立于西湖边，碧波环绕，遍植梅花。人们来孤山赏梅花时，不能不想到孤山处士林和靖。林和靖是北宋诗人，隐居于西湖孤山。他淡泊名利，恬然自足。隐居期间与梅花、仙鹤做伴，自称"梅妻鹤子"。林和靖死后便被葬在孤山之上，后人思慕他的高洁情怀，便在孤山之北建了一座放鹤亭，现在已是著名的景点。林和靖之名，也永远与西湖孤山联系在一起。

西湖之美，令人倾倒，如果你想知道人间天堂是什么样子，那就一定要来杭州西湖观十景、听传说，相信这里的湖光山色，一定能让你大饱眼福。

洛河传说

如果给你们出一道数学题，让你们把1~9这九个数字填入九宫格里，必须使每一横行、竖行、斜行上的数字加起来都等于15，你们会做吗？也许有人会认为这道题太难了，然而在古代中国，这却是阴阳五行术数的来源。相传在上古大禹时代，洛河中曾浮出一只神龟，龟背上便刻着这样一幅九宫图，人们将它称为"洛书"。这件事听起来是不是很神奇呢？在人们心中，洛河就是一条神奇的河流。

洛河发源于秦岭南麓，又称洛水，是黄河的支流之一。宋代诗人张耒在《洛水》一诗中这样形容洛河：

> 洛水秋深碧如黛，乱石纵横泻鸣濑。
> 清明见底不留尘，日射澄沙动玑贝。

这首诗中道尽了洛水的美景——秋深之际，河水清澈见底，在阳光的照射下，水中的珠贝闪闪发光，水上之景与水中倒影交融为一体。和洛水美丽的景色相称的，还有一段美丽的传说。

传说洛河中的那只神龟，将洛书献给了大禹，大禹依此治水成功，于是将天下划分为九州。后来又依此制定九章大法来治理社会。九章大法流传下来收入《尚书》中。此后，洛水的神话流传不断，洛河文明延续不绝。

秦始皇巡察洛阳时，专门在洛水边祭祀，并且亲自作《祀洛水歌》写道：

> 洛阳之水，其色苍苍。
> 祠祭大泽，倏忽南临。
> 洛滨酹祷，色连三光。

能让一代帝王称颂的洛河，自然有它的非凡之处。洛水汤汤，既流淌着磅礴气势，也流淌着恬静婉约。

> 翩若惊鸿，婉若游龙，
> 荣曜秋菊，华茂春松。

这是三国时期诗人曹植的传世名篇《洛神赋》中的句子。曹植由京城返回封地时，途经洛水，看到眼前的美景时忽然有感而发，写下了《洛神赋》。洛神是中国神话里伏羲氏的女儿，在曹植的想象中，她的体态轻盈柔美，既像翩翩飞起的鸿雁，又像腾空嬉戏的游龙；她的容貌鲜明光彩，如同秋天盛开的菊花；她风华正茂，就像春天茂密的青松。诗人的想象，正是来源于洛河边旖旎的风光。

洛河是壮阔与柔美并存的河流，它从洛阳城流过，哺育了古都洛阳千年不断的文明。洛阳城在洛水之北，"水北"在古代被称为"阳"，这座城池因此得名。沿洛水之北，在洛河两岸自东向西不足30千米的范围内，还分布着二里头遗址、偃师商城遗址、周王城遗址、汉魏洛阳城遗址和隋唐洛阳城遗址等五大都城遗址，世称"五都贯洛"。都城遗址分布之密集，联系之密切，时间跨度之大，在世界上都属罕见。

洛河日夜东流，不曾停歇，河水中流淌着古老的文明。如果你到洛河边仔细聆听，相信你会听到历史的传奇，这里的每一朵浪花，都在流传洛水的神话，每一处堤岸，都在诉说洛河的传说。

淮水汤汤

你们是否听过"橘生淮南则为橘,生于淮北则为枳,在中国的地理分区中,秦岭—淮河一线是中国的南北分界线"这句话?我们已经了解了秦岭,同时也应该了解淮河。

淮河又称淮水,发源于河南省桐柏山,东经河南、安徽、江苏三省,流至下游时水分三路:主流通过宝应湖、高邮湖在三江营汇入长江;第二路流经洪泽湖东岸进入黄海;第三路在洪泽湖东北岸,出二河闸后最终注入海州湾。我们解释"淮"的意思,说"淮,从水,隹声","隹"是美好之意,可见淮河在古人心中是一条象征着美好的河流。唐代诗人王昌龄写过一首《送郭司仓》，诗中写道：

> 映门淮水绿，留骑主人心。
> 明月随良掾，春潮夜夜深。

诗人试图用门前碧绿的淮水来留客，希望羁旅在外的游子不要辜负了这一河好水。可见淮河的美与幽，早已深入人心。

淮河流域与黄河、长江流域一样，是中华民族的发祥地之一。淮河水分三路，东流到海，从古至今始终滋养着两岸的人们，也哺育出淮河沿岸灿烂的历史文化。根据考古发现，早在旧石器时代，淮河流域就有人类活动的踪迹。目前在该流域发现的远古时代的文化遗址，多达一百多处。中国传统的孔孟的儒家学说、墨家学派和韩非、李斯的法家学派，都是在淮河流域创立的。

古老的淮河，还被后人称为"华夏风水河"。从夏商时代开始，历代帝王都派大臣祭祀淮神，祈求风调雨顺、国泰民安。秦始皇在淮河源头修建了"淮渎庙"，其后历代帝王都对淮河之神累累加封，为其戴上"长源公""长源王""东渎大淮之神"等桂冠。淮渎庙也按王侯的规模被屡加修缮，规模宏大，蔚为壮观。

传说也好，古迹也罢，无不展示着淮河流域悠久的历史文化。而淮河也因其区分南北的重要地理意义，在中国文明进程中做出了独特的贡献。所以，无论你们的故乡属于南方还是北方，都不要忘记，区分中国南北方的，正是秦岭与淮河啊！

岷江与都江堰

每当人们提起四川,就会提到一项举世闻名的水利工程——都江堰。都江堰坐落于成都平原西部的岷江之上,两千多年前,蜀郡太守李冰父子在这里组织众人修建起这座大型的水利工程。两千多年来,都江堰一直发挥着防洪灌溉的作用,使成都平原成为沃野千里的"天府之国"。都江堰是全世界迄今为止,留存年代最久,并且至今仍持续使用的水利工程,是我国古代劳动人民勤劳与智慧的结晶。千百年来,都江堰与岷江一起孕育着光辉灿烂的巴蜀文明。

第二章 水之谣

SHUIZHIYAO

提起都江堰，就不能不提起岷江，它们千百年来相依为邻，共同守护着天府之国的土地。岷江是长江上游的支流，全部流域都在四川省境内。它发源于岷山南麓，流经松潘、汶川等地后，从都江堰市流出峡谷，经过乐山与大渡河和青衣江汇合后，在宜宾汇入长江。中国的第一部地理著作《禹贡》中认为，岷江是长江的源头。这个观点几千年来一直被沿用，直到明代，徐霞客才提出，长江的正源应该是金沙江。但岷江作为西部山川之源的地位影响深远，被人们赋予了神圣的意义。

岷江河谷景色秀美，谷里有茂密的原始森林，随着地势高低不同，各种树木层层叠叠，颜色各异，从春到秋，深绿金黄交相辉映，仿佛是一幅绚丽多彩的画卷。人们称这里为"岷江画廊"，就是在称赞岷江的自然之美。

而岷江流域为世人所津津乐道的，还有这里各民族的和谐关系。在岷江上游，松潘、茂县、汶川一带，是汉、羌、藏等族人民共同生活的乐园。传说中，大禹出生在岷江畔的羌族自治县北川。岷江流域的文化，也是中华文明的脉络之一。如果说河流是民族凝聚力的纽带，那么治水便是国家统一的关键。依托岷江所诞生的治水故事，除了大禹治水的传说，还有为世人所熟知的都江堰。

在传说中，当年岷江年年泛滥，蜀地百姓认为这是江神发怒所致，于是年年都会将少女投入江中，称为"江神娶妇"。李冰上任后，为了解决水患，将自己的女儿打扮成新娘送至江边。后来，李冰杀死了江神所变的苍牛。他将三个石人放置在江心，与江神定约：水枯不能低于石人的脚背，水涨不能没过石人的肩头。为了震慑江神，李冰还刻了五个石牛放置在江边，杜甫在诗中赞颂说："君不见秦时蜀太守，刻石立作五犀牛。"

都江堰将岷江水一分为二，右边为岷江正流，左边引江水进入川西平原灌溉农田。建成后的都江堰既能灌溉良田，又有利于水运，使成都平原沃野千里，物产丰饶。直到今天，都江堰的灌溉区覆盖了二十多个县市，滋润着天府之国的万顷良田。

因为都江堰，岷江流域也产生了别具特色的水文化，比如"二王庙""伏龙观""观景台"，已成为当地著名的景点；都江堰改建时也曾出土过东汉时期雕刻的李冰石像和"饮水思源"石刻；此外，民间还流传着不少歌颂李冰父子的诗文书画等。

一座都江堰，悠悠岷江水，历经两千多年而不衰，堪称中华文化划时代的杰作。如果大家有机会到岷江边旅游，一定要看看都江堰，看看李冰的雕像，在滔滔江水边感受我们祖先的智慧与才能。

钱塘八月潮

你见过这样壮观的景象吗？奔涌的潮水呼啸而来，仿佛鲲鹏激起了三千里波浪，又好像十万个人不停地向前奔驰，浩浩荡荡形成一条巨大的白练。"八月十八潮，壮观天下无"，说的就是著名的钱塘江大潮。

钱塘江，古称"浙"，全名"浙江"，又名"之江"，流经富阳地区时称为富春江，到杭州地区时称为钱塘江，钱塘江继续东流，在杭州湾注入东海。钱塘江之名最早见于《山海经》，它因流经古钱塘县而得名，是吴越文化的主要发源地之一。

钱塘江两岸风景如画,尤其是在富春江沿岸,山色青翠秀丽,江水清碧见底,素以水色佳美著称。而在杭州段,最为著名的便是被誉为"天下第一潮"的钱塘江潮。钱塘江潮,又被人们称为怒潮。天体引力和钱塘江口呈喇叭状的特殊地势,使得这里形成了八月大潮独特的景象。八月涨潮时潮水奔涌而来,声如雷鸣,排山倒海,犹如万马奔腾,蔚为壮观。

相传,八月十八是潮神的生日,这天潮头最高,水势凶猛无比,潮神骑着白马,在潮头上来回奔驰。关于潮神,民间也有独特的传说。相传春秋时,吴王夫差荒淫无道,不听忠臣伍子胥的进谏,反而赐剑逼伍子胥自杀,并将其尸体抛进钱塘江。伍子胥死后怨气不散,激起滚滚巨浪,向人们诉说他的悲愤,于是人们便将他称为"涨潮神"。后来越王勾践灭吴后,也杀了功臣文种。伍子胥活着的时候最恨文种,认为都是因为文种辅佐越王才使吴国灭亡。文种一死,伍子胥便借着八月十八的大潮卷走了文种的尸骨。于是文种与伍子胥两人站在潮头上展开了激烈的辩论,因为文种与伍子胥相对,所以也被称为"退潮神"。

许多文人墨客也在观潮时留下佳作,比如唐代诗人刘禹锡就曾作诗称赞钱塘江潮:"八月涛声吼地来,头高数丈触山回。须臾却入海门去,卷起沙堆似雪堆。"宋代词人潘阆也作有一首词,词中写道:

> 长忆观潮,满郭人争江上望。来疑沧海尽成空,万面鼓声中。弄潮儿向涛头立,手把红旗旗不湿。别来几向梦中看,梦觉尚心寒。

这些诗词生动地描述了当年的"弄潮"与"观潮"活动,也是钱塘江潮文化的真实写照。

每年的钱塘江大潮都吸引着无数人驻足观看。观潮始于汉魏,盛于唐宋,历经两千余年,已经成为当地的习俗。尤其是在中秋节前后,八方宾客蜂拥而至,争睹钱塘江潮的奇观,盛况空前。南宋朝廷曾经规定,每年的八月十八日在钱塘江上校阅水师,后来,这一天慢慢演变成为当地的观潮节。

现在,传统的观潮节已经演变成为国际性的观潮活动,每年不但有许多中国人来观潮,更有无数外国游客慕名而来。钱塘江就像一条纽带,连接着古今中外的人们,也将中国古老的"潮"文化传到世界各地。

日月双潭

> 山中有水水中山，山自凌空水自闲。
> 谁划玻璃分色界，倒垂金碧浸烟鬟。
> 蓬莱可计乘风到，艋舺知为举火还。
> 别有洞天开海外，人家鸡犬绝尘寰。

清代文人曾作霖的这首诗大家或许并不熟悉，但其中所描写的地方你却一定知道，这是台湾日月潭独有的景致。日月潭位于中国东部台湾省的南投县，是宝岛台湾唯一的天然湖。湖面海拔高度为760米，面积约有9平方千米。

日月潭四周重峦叠嶂，群山环抱着碧绿晶莹的湖水，湖面辽阔，群峰倒映，一年四季的景色各不相同。在日月潭中有一小岛，远望如

同明珠,旧称"珠屿岛",现名"光华岛"。小岛把日月潭一分为二,北半边形如圆日,南半边形如弦月,因而被称作日月双潭。

关于日月潭的名字,还有一个美丽的传说。相传日月潭最早叫龙湖,湖里盘踞着一公一母两条恶龙。有一天两条恶龙分别把太阳和月亮吞入腹中,人间从此变得漆黑一片。当地居住着一对青年男女,他们是聪明勇敢的大尖哥和水社姐,两人决心铲除恶龙,为人间找回太阳和月亮。

可是怎样才能杀死恶龙呢?大尖哥和水社姐为了打听消息,悄悄地钻进恶龙居住的岩洞里,偷听到它们最怕埋在阿里山底下的金斧头和金剪刀。后来,大尖哥和水社姐历尽艰险,终于从阿里山底下挖出了金斧头和金剪刀,从而打败了两条恶龙。消灭了恶龙的大尖哥和水社姐将太阳和月亮重新送上了天,人间终于恢复了光明。但他们担心太阳和月亮会再掉下来,便一直站在那里永远守护它们,直到化作两座大山。人们为了纪念他们,便将龙湖称为日月潭,将湖边的两座山称为大尖山和水社山,这些名字一直沿袭至今。直到现在,每年秋天,当地高山族的同胞都会盛装来到潭边,拿起竹竿和彩球表演托球舞,学着大尖哥和水社姐的样子,把彩球抛向天空,然后用竹竿顶着不让它落下来,以此来纪念这对英雄。

日月潭号称台湾八景之首,"双潭秋水"是台湾最著名的胜景之一。每当秋夕月明的时候,月光照彻湖山,光影汇于一潭,潭水明朗碧透,如同传说中的蓬莱仙境。在日月潭南边的青龙山上,有一座古朴幽雅的古寺,名叫玄奘寺,里面供奉着唐代高僧玄奘的一份遗骨。为什么玄奘的遗骨会漂洋过海来到台湾呢?原来玄奘圆寂后,遗骨安放在终南山下的一座塔中,唐代末年塔被毁,玄奘的遗骨也遗失在战乱之中。1942年,有人在南京发现了玄奘遗骨,不久后日本侵略军掠走了玄奘遗骨中的顶骨舍利,供奉在日本埼玉县慈恩寺。直到1955年,日本人才将部分顶骨舍利归还台湾,暂时安放在日月潭边的玄光寺。1965年玄奘寺落成后,玄奘的遗骨就被移入寺中塔内,供人凭吊,台湾人民也借此表达寻根记本之情。

　　因此,对于台湾人民来说,日月潭不仅仅是一处"天池"景观,更是追本溯源的所在。日月潭代表的文化底蕴,也是台湾同胞对中国内地的感怀与思念。台湾永远是中国的一部分,日月潭也永远是中国山水的一部分。